| 제 6 집 |

서울살이 그리고 어머니

김낙환

교회(敎會)를 섬기며 가족(家族)을 돌보는 일에
평생을 헌신하신 어머님께 이 시집(詩集)을 드립니다.

감사(感謝)와 사랑을 노래함

전라북도가 후원하고 영광문학회가 주관하는 2024년『다문화 가족 인권 문학상』에 응모한「필리핀 아내」라는 시(詩)가 이 대회에서 금상(金賞)에 당선되어 상을 받게 된 것이 내게는 무척 격려(激勵)가 되었습니다. 그동안 써 온 글들이 타인에 의해서 객관적으로 인정을 받게 되었다는 것이 내게는 큰 힘이 되었던 것입니다. 그래서 그 후로 영감(靈感)이 주어지면 길에서라도 멈추어 시를 쓰려는 습관이 생기게 되었고 그렇게 쓴 것이 상당한 분량이 되었습니다. 전에 쓴 글들과 그 후로 한 두편씩 써 모은 것들이 합쳐서 이처럼 다시 한 권의 책으로 엮여 세상으로 나오게 된 것입니다.

이 책에 실린 글은 두 부분으로 나누어져 있습니다. 하나는 지난 이년 동안 어머님을 모시고 살면서 어머님과 관련하여 내가 보고 느끼고 생각했던 것들을 그때그때 적어 놓은 글들이고 다른 하나는 서울에 살면서 주변지역에서 자연과 사람들을 보고, 듣고, 느낀 것들을 시로 기록한 것입니다.

시를 한 편 쓰면 그 기록을 정리하고 잘 보관하지 않으면 잊어버리게 되고 그것을 다시 쓰려면 기억나지 않기에 바로 그때그때 떠오르는 영감(靈感)들을 기록해서 정리한다는 것이 얼마나 중요한가를 새삼 깨닫게 되었습니다. 그래서 이 시집은 이미 하늘나라에 계신 어머니에 대한 추억들과 서울 종로구 부암동에 살아가면서 경험한 나의 생각과 삶의 기록들을 보관하고 나눈다는 데서 그 의미가 크다고 하겠습니다.

어머니는 1935년생 이십니다. 지난 해 88세이셨는데 어머니의 마지막 2년을 우리와 함께 지내신 것입니다. 한 번도 모시고 살 기회가 없었던 나에게 어머니와 함께 하였던 지난 이 년 간은 행복하고 축복(祝福)된 시간들이었습니다. 아쉬웠던 점은 어머니의 치매가 갈수록 점점 더 심해져서 어머니와 의사 소통하기가 점점 어려워 진 것입니다. 그러나 어머님은 치매라는 병마와 싸우면서도 어머니로서의 사랑과 품위를 끝까지 지켜주신 것을 생각하면 어머님께 감사하게 됩니다.

간병하는 일이 힘든 일이지만 곁에서 묵묵히 어머니를 돌본 아내에게도 감사를 드립니다. 어머님이 우리 집에 계시는 동안 누님들과 여동생도 자주 방문하여 많은 사랑을 보여 주었습니다. 어머니의 병환으로 우리 형제들의 우애도 더욱 돈독하게 하였음은 두말 할 것도 없습니다.

이 시집은 여섯 번째 출판입니다. 세월이 쌓일수록 시의 내용이나 형식이 많이 달라져 가는 것을 느낍니다. 서울의 종로는 나라의 상징물인 청와대와 광화문이 있고 경복궁, 창

경궁 같은 유적지들과 최신의 현대식 건물들이 어울려 있고 인왕산, 북악산 그리고 북한산에 둘러싸인 경관이 수려한 곳입니다. 이 곳에서 살았다는 것은 내 생애에 큰 축복입니다. 인왕산, 북악산 둘레길, 자락길을 산책하면서 자연을 보고 느낀 것들 그리고 종로와 을지로의 골목길을 다니며 마주친 많은 사람들 그리고 어머니가 나의 글의 소재가 되었습니다.

추천의 글을 써 주신 미국에 계신 이성주 목사님, 또한 정희수 감독님께 감사드립니다. 두 분 모두 내가 대학을 다니며 만난 분들인데 지금까지도 교제가 있는 것을 감사드립니다. 내가 존경하는 이성주 목사님은 미국 유학 시절에 내게 많은 사랑을 주셨습니다. 미국에 정착하고 공부하는 모든 과정을 지켜보시고 도움을 주신 분이십니다. 제게 주신 격려의 말씀들을 늘 기억하고 있었고 지금까지도 고맙게 생각하고 있습니다. 그리고 정희수 감독님은 대학시절에 만났습니다. 지금은 미국연합감리교회 위스콘신 연회의 감독(bishop, 監督)으로 깊은 영성(靈性))과 신학적 실력과 지도력을 갖추신 분입니다. 추천의 글을 주셔서 감사드립니다. 두 분 모두에게 사랑의 빚을 졌습니다.

시평(詩評)을 써주신 김진규 장로님은 공주대학교 사범대학 국어교육과 명예교수로 지금까지 계속해서 문필 활동을 하시는 전문가이십니다. 교수님이 시평을 써 주시는 것은 제게 큰 영광이고 자랑입니다. 전문가, 학자로서 서평(書評)을 주신 것이 제게는 너무나 감사한 일입니다.

본 시집을 출판해 주시는 출판사 「영상복음」의 최득원 장로님께도 감사드립니다. 장로님의 청년 같은 불굴의 신앙을 존경합니다.

그동안 하나님의 축복 속에 저희 가족 수(數)가 늘어났습니다. 미국연합감리교회에서 미국인을 대상으로 하나님 나라의 확장을 위해 목회를 하고 있는 딸, 나래 목사와 사위, 희락 목사 그리고 손녀 아나와 루아, 그리고 서울에 살면서 가끔 만나 복(福)된 시간을 나누는 아들 영래와 며느리 지연 그리고 손자 이안에게도 감사할 뿐입니다. 가족들은 모두 나의 사랑이며 행복이며 기도입니다. 그리고 변함없는 사랑으로 지원하여 주시는 장인 어른과 장모님, 항상 곁에서 사랑과 격려를 아낌없이 주는 아내 신미에게 감사하며 저를 아는 모든 분에게 지면으로 안부를 드립니다.

2024년 5월에

서울 종로구 부암동 서재에서

김 낙 환

김낙환

〈추천의 글〉

배재학당의 전통과 명맥(命脈)을 이어가는 작품들

곽 명 근
아펜젤러 기념사업회 이사장
전 배재학당 이사장

나와 시인(詩人), 김낙환 목사는 10여 년 전에 배재학당에서 만났습니다. 우리 두 사람은 배재학당 이사장과 이사로서 만났지만, 곧 의기투합하여 배재학당 안에 아펜젤러 기념사업회를 조직하였고, 지금까지 이 일에 관여하면서 함께 많은 활동을 해 오고 있습니다. 시인은 아펜젤러 기념사업회를 통하여 아펜젤러 관련 서적들을 자신이 쓰기도 하였고, 미국에서 발간한 영어 자료들을 우리말로 번역하여 학문적인 결과물들을 남기기도 하였습니다.

이번에 출판하는 시집은 그의 여섯 번째 작품입니다. 나는 김 시인의 글을 읽으며 다음과 같은 몇 가지 인상(印象)을 받게 되었습니다.

1. 그는 자신의 글에 우리가 자주 접하는 평범한 소재들 그리고 우리가 일상에서 사용하는 평범한 단어들을 사용하고 있다는 점입니다. 그러나 신기하게도 그의 안목(眼目)

을 통과한 글의 소재들은 더 이상 평범한 소재나 단어들이 아니라 이제는 아름다운 시어(詩語)로 변화되고 있다는 것입니다. 진달래. 할머니, 노숙인이라는 평범한 단어들이 시인을 통하여 시로 쓰여 진 순간 그 단어들은 특별한 의미를 지난 시어들로 바뀌고 있는 것입니다.

2. 이 책에 나타나는 중심 소재는 자연(自然), 인간(人間), 그리고 어머니입니다. 누구에게나 마찬가지이지만 사람이 어디에서 살며, 누구를 만나고, 어떤 일을 하느냐 하는 것은 대단히 중요한 일입니다. 그래서 시인이 어디에 사는가? 누구를 만나고 어떤 일을 하는가 하는 것은 대단히 중요한 것이라고 할 수 있습니다. 시인은 목사로서 평생을 살아왔습니다. 그리고 그는 서울의 한복판인 종로에 살고 있습니다. 그의 글에는 그가 경험하는 서울 종로의 사람들, 종로의 풍광들 그리고 그가 모시고 사는 어머님이 그려져 있습니다. 그는 목사로서 살면서 그가 경험한 하나님의 사랑을 글에 투영(投影)하였고 이를 단순하고 쉽고, 따뜻한 언어로 잘 표현하고 있는 것입니다.

3. 시인은 특별한 관찰력을 가지고 있습니다. 대개 평범한 사실들 많은 사람들은 놓치는 것들을 시인은 세밀하게 보았고, 관찰하였습니다. 그는 세밀한 관찰을 통하여 글로서 그림을 그려내고 있는 것입니다. 이러한 점에서 그의 글이 가치가 있다고 하겠습니다.

4. 시인의 글은 아주 쉽고 평범하여 누구나 읽고 쉽게 이해할 수 있습니다. 어떤 사람들이 쓴 글은 한국말로 쓴 것임에도 잘 이해가 되지 않는 것들이 있습니다. 특별히 시는 더 그렇습니다. 그러나 김낙환 시인의 글은 누구나 쉽고 재미있게 읽을 수가 있습니다. 저절로 웃음을 짓게 하는 내용들이 많이 있습니다. 그가 시어로 쓰는 단어들이나 시의 주제들이 모두 이해하기가 쉽기 때문입니다. 평범한 이야기들을 평범하지 않게 만드는 것이 그의 특별한 재주입니다.

배재학당(培材學堂)은 우리나라에서 가장 오랜 사학(私學) 교육기관입니다. 아펜젤러라는 미국의 젊은 선교사가 기독교 정신을 바탕으로 세운 학교입니다. 초대 건국 대통령 이승만을 비롯하여 독립운동가 지청천, 초대 의료계 지도자 오긍선, 초대 종교계 지도자 윤성렬 등 수없이 많은 위대한 애국자들과 인재(人材)들을 배출하였습니다. 그리고 문인(文人)들로는 시인 김소월과 소설가 나도향 등 우리에게 잘 알려진 분들이 배재학당 출신입니다. 저는 배재학당을 졸업한 김낙환 시인의 이 작품들이 김소월과 나도향에 이어 배재학당의 전통과 명맥을 이어가는 작품의 하나라는 판단으로 여러분들에게 이 글을 추천합니다.

시인(詩人), 김낙환의 시집 발간에 부쳐

이 성 주 박사
원로 목사, 미국 로스엔젤레스 거주

인간에게 가장 무서운 무기는 무엇일까? 기원전 7세기경, 아시리아 설화에서는 [말(言語)은 칼보다 강하다]고 하였다. 고대 사회에서는 말에 권위가 있었던 모양이다. 그런데 문명이 발달하고 문학작품이 쏟아지던 19세기에 영국의 극작가 에드워드 리턴이 사극(史劇)에서 [펜은 칼보다 강하다]는 말을 처음으로 사용하였다. 문명이 발달할수록 인간세계에서 가장 강한 무기는 주먹이나 말이 아니라 글이라고 생각한 것이다. 히틀러의 경우, 웅변을 통해 독일 국민을 사로잡아 세계대전을 일으키는 무서운 힘을 발휘하였지만, 말이란 전달되는 기회를 얻지 못하면 허공을 휘젓는 주먹이나 다를 바 없다.

글은 주먹과 같은 힘이나, 공포다운 외침도 아닌 드러나지 않는 존재지만 우리 인간을 움직이게 하고 변화되게 만드는 큰 힘을 가졌다. 인간이 만물의 영장이 된 것은 기쁘거나 슬프거나 어떠한 일이 있을 때 이러한 감정을 오래도록 남겨 놓는 법을 알게 된 이후부터이다.

문자를 발명한 인류는 문자를 통하여 지능과 문명을 발전시켰고, 더 나아가 시를 써서 영혼 속에 아름다운 사상을 불어넣어 주었다. 현대인의 과학 문명은 구조적으로 책을 멀리하고 인터넷에서 AI로서 정보와 지식을 얻고, 무겁게 느껴지고 처치 곤란한 서적은 점점 사라져 가고 있다. 그러나 다행하게도 아직은 서점에 시집이 진열되어 있다. 그 이유는 인간의 정서가 단조롭고 메말라가므로 이것을 탈피하기 위함일지도 모른다. 어찌 되었든 시집을 읽는 이들이 있다는 것은 다행한 일이다. 날이 갈수록 전문 서적은 자취를 감추고 있어도 거리나 캠퍼스에서 시집을 들고 다니는 젊은이가 있다는 것은 좋은 현상이다. 그런데 문제인 것은 시집이 많이 출간되어도 마음에 감동을 주는 시가 흔하지 않다는 점이다.

김낙환 시인과 나는 학창 시절 기숙사에서 한 방에서 함께 지냈고, 그가 미국으로 유학을 왔을 때도 가까이에서 지냈다. 그가 학위를 받고 본국으로 돌아간 후에 교계의 지도자로 활동하고 있다는 것과 시인으로 등장하여 활발하게 시집을 발간하고 있다는 소식을 들었다.

해외 유학파가 시인되는 것은 흔한 일이 아니다. 외국의 사상에 젖은 사람은 다소 성품이 메마르고 삭막하다고 여기는데 김낙환 시인은 그런 성품과 매우 다르게 다정다감하며 그의 시에서도 성품을 엿볼 수 있다. 그의 글들은 항상 따뜻함과 친절함이 배어있다는 것을 그의 미소 짓는 눈이 증명해준다. 어떻게 보면 그는 글로서 우리에게 그림을 그려주는

화가이기도 하다. 피카소는 물감으로 그림을 그렸지만, 그는 시로서 우리 마음에 그림을 그려 보여 준다. 마술사처럼 말이다. 두 눈으로 세상을 보는 우리와 달리 그는 여러 개의 눈을 가지고 있다.

다른 사람이 보지 못하는 것을 발견하여 우리에게 전달해 주는 재주를 가졌다. 대표적인 예로, 그가 쓴 『고속터미널 역에서』란 시가 그러하다. 대부분 사람이 고속 터미널에서 가득 모여 있는 여행객을 바라보고 아무것도 못 느끼지만, 김낙환 시인은 그렇지 않았다. 그는 현장에서 사람들이 보지 못한 숨겨진 인간의 모습과 표정을 족집게처럼 읽어내며 사람들의 심리를 소재 삼아 그림을 그리고 있다.

사람구경 재미있다
올라가고 내려가고
이리가고 저리가고
서울사람 시골사람
젊은사람 늙은사람
한국사람 외국사람
재미있게 생겼구나!

(시, 고속터미널 역에서)

그의 시를 읽다 보면 저절로 웃음이 터진다. 김낙환 시인의 글은 마음을 끌어당기는 힘이 있어 다시 들여다보며 읽게 된다. 그렇다. 김낙환 시인의 시는 언제나 5일장 장터같이 시끌벅적하다. 5일장에 가보면 없는 게 없다. 시골 사람들이 장터에 모여 필요한 것을 사고 팔며, 우글거리는 곳이지만 엉덩이를 철퍼덕 땅바닥에 앉아 수다를 떨고 있는 아낙네들, 머리를 맞대어서 모여 담배 태우고 있는 허연 머리 노인네들, 그리고 장사꾼이 물건을 높이 치켜들고 소리치는 모습처럼, 바로 김 시인의 시집은 장터처럼 재미있고 다양하다. 나는 그의 시에서 다양한 인간 사회의 체취와 서민들의 희로애락을 감상한다.

그는 시에서 말씨, 맵씨, 솜씨, 맘씨, 글씨가 잘 배합되도록 섞어 만드는 조련사임을 발견한다. 어떠한 시가 잘 써놓은 시라고 보는가?

① 시란 읽는 이의 마음에 편안함을 주어야 하는데 그의 시가 그러하다. 모두 다 그런 것은 아니지만 어느 민중시인(民衆詩人)의 시를 보니 피가 튀기고 냄새가 나고 불편함을 주는 것을 보았다.
② 또한 시는 아름다워야 한다. 시가 아름다워지기 위하여 노력하는 것이 시인이다. 아름답지 못하면 아무도 쳐다보지 않는다.
③ 시는 쉽게 이해할 수 있어야 한다. 그의 시는 잘 다듬어진 예쁜 조약돌 같고, 노래와 같이 어렵지 않고 쉽다. 어려운 문자로 난해하게 쓰기보다 우리가 사용하는 흔한 단어로도 우리 가슴에 큰 감동을 준다.
④ 김낙환 시인의 글을 읽어보면 그는 언제나 재밌게

쓰고 있다. 나를 정말 웃게 만든다.

⑤ 그의 시 속에는 감동이 있고, 보이지 않는 이끌림이 있다. 교훈적이다. 그래서 김낙환 시인이 쓴 시는 어느 시집에서도 볼 수 없는 특징을 지녔다.

나는 머나먼 이국땅에서 고향의 향취를 그리워하며 애인을 기다리듯, 김낙환 시인의 후속작(後續作)이 나오기를 기다리고 있는데 모든 분에게도 한번 읽어보라고 적극 권하며 추천하는 바이다.

2024년 5월 초에

시인(詩人), 김낙환의 시(詩) 세계

정 희 수 박사
미국 연합감리교회 위스콘신연회 감독

김낙환 시인은 목사이다. 품이 넓고 그의 웃는 모습은 참 신선이 따로 없다. 그 시인의 마음을 엿보는 일은 편안한 산책길 걸어가는 것 같고, 법 없이도 잘 살아가는 인심 많은 시골 영감같이 영(靈)이 참 맑은 분을 마주하는 것이다.

이번 시집은 어찌 연세가 많으신 어머니를 사랑하는 아들의 모습을 여운 없이 들어내고 있다. 그동안 그가 얼마나 효자였을까 하는 짐작은 당연하고, 어머니를 감싸고 도는 인생의 충만함을 전혀 걸림 없이 시어로 기술한다. 어머니를 모시면서 그 어머니 인생 가운데 깊은 심미적인 동화의 세계를 일상에서 아무런 꾸밈없이 그려 가고 있다.

어머니의 표정이 아들 시인의 가슴에 묻어나고, 시인 아들의 애절한 사랑은 어머니의 망각과 어설픈 번민 속에 섞인다. 서로 소꿉장난 하는 사이 같고, 서로 애인 되어 조건 없이 히죽거리는 모습이 들어난다. 천진한 아이가 엄마 품에 여전히 생글 거리면서 버둥거리고 있다.

어머니 젖이 눈물이 되어 아들 얼굴에 떨어진다. 어머니 사랑은 뺄셈의 인생을 평생 사셨으니 생이 꽉 찬들 덧셈이 어울리기야 하겠는가. 그 어머니 뺄셈 사랑이 시인 아들 가슴을 후벼 파내지만, 여전히 어머니 사랑의 신비는 다정하고 아름답구나.

시인이 어머니에게 이리 다가가고, 저리 다가가고 참 섬세한 눈짓과 두터운 입술로 어머니를 부른다. 어머니 인생에 천국이 임하였다고 수렁처럼 깊이 주무시는 어머니를 흘겨보는 시인 아들, 그러나 금세 옛 어머니 자궁으로 들어가 고향의 냄새를 원 없이 살아가고 있다.

예전부터 어머니는 시작과 끝 그리고 장래를 다 품어 가는 분이어서 자씨(慈氏)로 부르거나 자당(慈堂)이라고 했다. 자씨는 미래 불(佛)인 미륵과도 같은 분이고, 모든 생명을 다 품는 부엌 신(神)이시다. 거기서 시인이 세월을 초월한다. 지금 어디에 계신지 방금 전에 누가 다녀갔는지 기억하지 못하셔도 어머니는 마땅히 오는 세월을 다 가늠하시는 자씨불(慈氏佛)인 것이다.

어머니는 새털같이 가벼워진 몸을

천근같이 옮기신다.

어머님의 가슴을 닦아 드리며

쭈구렁 바가지라고 놀리는 나의 말에

어머님은 아무런 관심이 없다.

(시, 목욕할까요? 중에서)

어머님을 목욕시켜 드리면서 시인의 가슴에 어머니 세월의 신비를 바라보는 지혜가 드러난다. 이 시 앞에서 나는 울컥 눈물이 쏟아진다. “아이고, 어떻게 이런 표현을 한데…” 시인의 언어는 평생 목사로 설교하였을 시인의 영이 날개를 달게 하였다. 이제 시어(詩語)를 목욕시키고, 세월을 목욕시키고, 인간의 고뇌를 변제(辨濟)하여 자유의 날개를 분명 달고 있다.

김낙환의 시는 자연스럽게 운율을 타고 일념삼천(一念三千)의 세계를 간다. 아주 평범한 일상을 놓치지 않고, 아주 느린 걸음으로 돌부리를 걷어차면서 자신은 아프다는 소리를 하지 않지만, 그 시를 대하는 이에게는 결딴나듯이 아프고 서럽고, 또 먼 산 바라보면서 자신이 서있는 자리를 둘러보게 하는 직설적인 손가락질이 드러난다. 일상의 언어로 무디어 가는 사람들의 마음에 참된 소리를 되돌려 준다. 곰 구르듯이 이생과 전생을 넘고, 현세와 천국을 사뿐히 굴러간다.

시인이 영광문학회에서 금상을 탔다는 소식을 전해 준 날 그 부부와 함께 서울 거리에서 김치 전골로 감동어린 저녁을 먹고, 가배(Coffee) 집으로 가는 길에서 참으로 오랜만에 서울 눈, 함박눈이 내리는 낭만을 만났다. 그것도 다문화 가족 인권문학상 금상을 타게 된 기쁜 소식을 대하면서 잊을 수 없는 우정 잔치를 벌렸다.

바로 시인의 눈은 지경을 넘어 눈물의 구원을 바라보고 인권과 평등 그리고 사람됨의 천부적인 존중이 실현되어야 할 생명의 나라를 항상 바라보고 있다. 함박눈 휘날리는 광화문 저편으로 걸어가는 다정한 부부의 뒷모습을 아주 정겹게 여전히 지금도 바라본다.

시인이 어머니 생각을 일축하고 「일 하느라 힘들어 그동안 잡순 나이 다 잃어버렸다.」 하는 틈 사이에, 은총의 언어가 사랑과 관심으로 바구니에 담듯 시인의 심상에 담긴다. 속이 무너지듯 아플 터인데 시심이 효심이고, 애린(愛隣)의 신학으로 꿰뚫어 낸다. 눈물 없고, 차별 없는 세상을 꿈꾸는 목사 시인의 가슴에 이젠 국경이 없고 필리핀 며느리, 월남, 몽골 이웃들이 다가오고 이웃 아닌 사람이 없어 그의 천국 이미지는 시 속에 변형과 초월의 언어로 알알이 형상화 되고 있다.

이런 김낙환의 시 세계에 더 많은 이들이 숨죽여 감동을 나누고, 나처럼 왈칵 어머니 생각나서 후회 섞인 자성의 순간과 감동을 갖게 되기를 바란다. 경계를 넘어서서 작고 큰 것, 방대하고 사소한 것, 멀고 가까운 것들이 독자들에게 아주 정겹게 다가오게 될 것이라 기대한다.

[차 례]

제 II 부 어머니

인왕산(仁旺山)에서

겨울 일월사(日月寺) I

북한산 끝자락
세검정에
홍제천
맑은 물은 얼음장
밑으로 흐르고

옥천암 백불(白佛)
바로 밑에는
다 쓰러져 가는
오두막 한 채가
힘겹게 버티고 서 있다

기와 대신 국방색 비닐 포장을
뒤집어쓰고 있는
이 집은 일월사(日月寺)라는
이름표를 달고 있는데
늙은 무녀(巫女) 한 분이
외롭게 살고 있다

녹슨 철대문 밖에 세워 놓은
높은 장대 끝에는
다 낡아 색 바랜
홍기와 백기가
힘없이 늘어져 있고

겨우내 때려고
쌓아둔 연탄들과
문고리가 고장 나
활짝 열린 부엌문이
지나는 행인들을
더욱 춥게 만든다

석양으로 해는 지고
어둠은 밀려오는데
옥천암에서 울려오는
저녁 타종 소리가
북한산 허리를 휘감는다

어둠은 썰물처럼 밀려오고
을씨년스러운 날씨는
집으로 돌아가는
발걸음을 재촉하고 있다

겨울 일월사(日月寺) II

다 쓰러져 가는 초라한 판자 집이
국방색 천막 비닐을 머리에 쓰고
색 바랜 녹슨 철문에는
일월사(日月寺)라는 이름표와
붉은색 절(卍) 표시를 달고 있지만
이곳이 절이라고 생각하는 사람은
아무도 없을 것이다

어쩌다 눈에 띄는 이 집의
늙은 무녀(巫女)는
다른 이들의 운명을 알고,
사주(四柱)도 보고
액운(厄運)도 막고
복을 빌어 주기도 하지만
연탄을 때며
다 쓰러져 가는 집에 살아야 한다는
자신의 운명은
모르고 있는 것 같다

나는 오늘 일월사
앞을 지나며
사시사철 열려있는
부엌문의 비밀을 알게 되었다
코를 찌르는 매캐한 연탄가스
냄새를 맡게 된 것이다

추녀 밑에 웅크리고 앉아 있는
고양이도 추워 보이는 겨울이다
대나무 장대 위에 매달린
홍기와 백기가
북한산 겨울 골바람을 타고
펄럭거리며 울고 있다

소리

옥천암 보도각
백불(白佛) 아래
스님의 목탁 두드리는 소리

옥천암 예불 시간에 들리는
노승의 구성진 독경(讀經)소리

예불에 참여한
보살(菩薩)들이 올리는 기도소리

홍제천에 얼었던
개울 물 녹는 소리
흐르는 물소리

북한산에 박새가
봄이 왔다고
노래하는 소리

진달래 핀 인왕산 아래로
자동차 지나는 소리

백불(白拂) 앞을 지나는 등산객의
즐거운 웃음소리
이야기 나누는 소리

그리고 내 마음에
다가와 조용히 말씀하시는
주님의 목소리

인왕산 진달래

잔설(殘雪)이 남아 있는
인왕산
이끼 낀 바위 틈새를
힘겹게 비집고 나와

연분홍
여린 꽃잎으로
늙은 바위를
물들이고 있다

봄이 올 때에

얼었던 홍제천 맑은 물이
소리 지르며 흐르고

부지런한 청둥오리들은
짝을 찾는 몸짓을 하고

옥천암 보도교(普渡橋) 위에
초파일을 기다리는
오색등이 달리고

스님의 구성진
염불소리, 목탁소리 들릴 때

북한산 자락 길
진달래도
개나리도
기지개를 펴기 시작한다

아, 봄이로구나

백불(白佛)

홍제천 옥천암(玉川庵)
백불(白佛)은
보도각(普渡閣)이라는
지붕 아래 살고 있다

천 년(千年)을
제 자리에 앉아
오가는 행인들을
바라보신다

오늘은
아들의 합격을
기원(祈願)하며 갖다 놓은
고사떡을 슬쩍 곁눈질로
바라보시다가

마침 그 앞을
지나던 내게
딱 들켜 버렸다

하나도 없다

북한산 자락길 변
낡은 집 담장 아래 양지에
한겨울 추위를 이겨낸
보라색 제비꽃 몇 송이가
활짝 피었다.

홍제천 변 개나리도
인왕산 바위 밑 진달래도
꽃 피울 채비를 마쳤다.

세상에 아름답지
않은 꽃은 하나도 없다.

사람도 그렇다.
귀하지 않은 사람은
단 한 사람도 없다

나비다

엄마 아빠
손을 잡고 걷던
아이가 소리쳤다
나비다

큰 소리를 외치며
날아 가는 나비를 쫒는
아이를 엄마가 다시 쫒는다

광화문 사거리 교보문고
뒤 화단에 나타난
나비를 보는 눈은
아이에게만 있다

사람들이 그렇게 많은데도

봄

쑥
냉이
민들레
미류나무
버들강아지
개나리 꽃망울
백목련 꽃 몽우리
인왕산 분홍 진달래

겨울
얼었던
땅 비집고
애쓰고 나와
봄 왔음 알린다
봄이 왔구나. 봄, 봄
땅 속 개구리 나오는
아, 봄 왔구나. 봄 왔구나

종로에서

도라지 까는 여인

쌀쌀한 겨울날에
옥인동 대로변 인도(人道)에
좌판을 편 노인은
도라지, 더덕, 그리고
밤을 팔고 있다

시커먼 벙거지를 쓰고
도라지를 까고 있는 이 여인은
추운 오늘도 어김없이
제 자리를 지키고 있다

지나는 행인들에게는
관심조차 없는 듯
머리를 숙인 채
웅크리고 앉아서
도라지를 까고 있다

그녀가 까는 것은
도라지만이 아니다
밤도 까고
더덕도 까고
때론 서리태 콩도 깐다

눈발이 날리는 옥인동
대로변(大路邊)에 좌판을 편
노인은 오늘도
시커멓게 물든
거친 손으로
도라지를 까고 있다

속눈썹을 올리는 여인

아직은 입김이 서리는
늦겨울 이른 새벽

젖은 머리에
검은 점퍼를 입고
흰색 가방을 멘
젊은 여인이

급하게
횡단보도를
가로질러

석파정(石破亭)
버스정류장
온돌의자에 앉았다

버스를 기다리며
거울을 꺼내든
그녀는

피곤한
자기 얼굴을
바라보며
속눈썹을
올리고 있다

고단한 하루의
시작이다

홍제역에서

얼굴이 유난히도 검은
한 여인이 의자에 앉아
머리에 빗질을 하고 있다

뭔 소리를
중얼 거리기에
슬쩍 옆에 서서
가만히 들어보니
아. 짜증 나

누군가와
통화를 하는 줄 알고
곁눈질로 살펴보니
그것도 아니다

있는 대로 인상을 쓰며
빗질하며
저 혼자 내뱉는 말이다.
아이, 짜증 나

그녀에게 오늘은
힘든 일이
많은 날인가 보다
아이, 짜증 나

원조 타령

장충동 족발거리에는
장충족발
뚱뚱이 할매 족발
평남 할머니 족발
평안도 족발
그리고 할머니 족발

그리고 그 집들은 제각각
별도의 이름표를 달고 있다

원조(元祖) 집
원조 일호집
진짜 원조집
그리고 참원조 집

지나는 사람들의
이목(耳目)을 끈다

여인의 변신(變身)

연인(戀人)과 걸을 때
남편과 걸을 때
친구와 걸을 때
중학생 딸과 걸을 때
여인의 모습은 다르다

친정에 갈 때
시집에 갈 때
교회에 갈 때
시장에 갈 때
여인은 다시 달라진다

오랜만에 만난
여고 동창들과
경치가 좋은
찻집에서 수다를 떨 때
여인은 다시 달라진다

여인의 변신은
아름다운 것이다

서울 할머니 I

그 옛날에
이화(梨花) 고녀(高女)를
졸업하신
영수 할머니는

흰머리에
주름살은 있어도
얼굴은 희고
허리가 꼿꼿하고
걸음걸이가 경쾌해
뒤태가 젊은이다

곱게 빗어
뒤로 넘긴 올백 머리에
화려한 원피스를 입고
검정 백을 들고

하이힐 구두를 신고
길을 나서면

누가 보든지
멋쟁이
서울 할머니이다

서울 할머니 II

늙긴 했어도 피부가 희고
교양이 있어 보인다
화장을 했는지 안 했는지
구별하긴 어렵지만
깔끔한 인상을 준다

머리를 염색하지 않아
흰머리가 많으나
대부분 자연스럽다
머리는 항상
단정하게 빗거나
말총머리처럼 뒤로 묶었다

대개는 서양 스타일의
양장 차림이지만
한복도 잘 어울리는 편이다

말랐다고 할 정도로 날씬하고
허리가 꼿꼿해서
앞에서 보거나
뒤에서 보거나 늘씬하다

머리가 허연 할머니들이
찻집이나 식당에서
삼삼오오 모여서
서로 서로
이름을 불러가며

유쾌하게 웃고 떠드는
사람을 보게 된다면
그들은 분명
서울 할머니일 것이다

대화

안돼
안돼
그렇지
그렇지
그래
그래
거기야, 거기
……

잘 했어요
아주 잘 했어요
우리 아기
아주 잘 했어요.

산책하는 중에
개가
가로수 아래
싼 똥을 치우며
개 엄마가 하는
독백(獨白)

잘 했어요
우리 아기
아주 잘 했어요

미안해요

친구야, 미안하다
네가 절름거리는 다리를
가지고 있는 것을
내 다리 다쳐 보고
이제야 알게 되었다

선생님, 죄송해요
내 다리가 아파서야
선생님 계단 오르시는 것이
힘들다는 것을
이제야 알게 되었어요

여보 미안해요
당신이 내게 나눈
사소한 언어들에
귀를 기울여야 했다는 것을
결혼 사십 년이 지나서
이제야 알게 되었어요

어머니 미안해요
어머니도 맘 여린
여자였다는 것을
내 나이 육십이 되어
이제야 알게 되었어요

그런 거

젊은 간호사와
중년의 환자가
커튼 안에서
나누는 대화가
들렸다

요즘 많이
힘 드신가 봐요?

네, 그런게
좀 있어요
....
누구에게나 말 못 하는
힘든 일이 있다는 거겠지
네, 그런 게 좀 있어요

누구에게나 있는 것이야
누구에게나 있는 거야
그런게 좀 있지
그런 거

전철 안에서

가방을 끌어 안고
머리를 뒤로 젖힌 채
목젖이 보이도록
입을 크게 벌리고
깊은 잠에 빠진
저 여인은

어제 밤에
무슨 일이 있었을까?
어디서 내려야 하는 걸까?
종착역까지는 가는 거겠지?

깊은 잠에 빠진
마주 앉은 여인을
바라보다가

나는
공연한 걱정에 빠졌다

서두르지 마

넘 하는 거 나도 해
서두르지 마

너 홍역 했다구?
나도 했다

너 거기에 털 났다며?
나도 났다

너도 사랑니 났다며?
나도 났다

너도 오십견이냐?
나도 그렇다

너도 고혈압 약 먹는다구?
나도 먹는다

너 이 두 개 했다구?
나는 세 개 했다

넘 하는 거 나도 해
그러면서 사는 거야
그 곳으로 가는 거야

앞서거니 뒤서거니
하면서 가는 거야
서두르지 마

예쁜 사람

내 마음에
예쁜 사람은
하는 짓이 다 예쁘다

말하는 모습도
예쁘고

자는 모습도
귀엽고

웃는 모습도
보기 좋고

옷을 입으면
잘 어울리고

밥을 먹어도
예쁘게 먹는다

그러나
그렇지 않은
사람도 있다

그는 하는 짓마다 밉다
미운 짓만 골라서 한다

실성(失性)한 여인

종로 3가 역 청량리 방향
벤치에 한 실성(失性)한 여인이
앉아 전철을 기다리고 있다

붉은색 나비 모양
머리핀을 꽂은 머리는
폭탄을 맞은 듯 산발을 하였고

지난 밤 잠을 설친 듯
때꾼한 눈과 시커먼 얼굴에
마른 세수를 하고 있다

두꺼운 겨울 바지 위에
치마를 덧입고
땟국 물 흐르는 점퍼에
담요를 망토처럼 두르고 있는 그녀는
운반하기도 어려운
큰 가방 세 개를
앞에 두고
침을 발라가며
자신의 주름진 치마를 펴고 있다

아마도 귀한 사람을
만나러 가는 길인 것 같다

신문 읽는 노숙인

쌀쌀한 겨울날
노숙인이
을지로 지하 통로
바닥에 골판지를 깔고
기둥에 기대어 앉아
신문을 읽고 있다

두꺼운 안경 너머로
무슨 기사(記事)를 보았는지
그는 인상을 쓰고
혀를 차며
머리를 좌우로 흔든다

정치면 기사를
읽고 있는 것 같다

엉뚱한 생각

오늘 아침에
가족의 힘찬 방귀
소리를 들으며
엉뚱한 생각을 했다.

아름다운 사람
이영애,
전지현도
방귀를 뀔까?

아니
아니
안 뀔거야

방귀는
사랑스러운
나의 가족만
뀌는 것이지

아주 힘차게

고생하시는 하나님

홍제동 사거리
번화가에 자리 잡은
낡은 건물 이층에
대명암(大明庵)은
절 표시를 달고 있지만
절은 아니다

작명(作名)도 하고
액풀이도 하고
신점(神占)도 본다고
간판이 말해주기 때문이다

같은 건물 아랫층에 있는
성화(聖化) 교회는
양쪽 옆으로 있는 상가들과
어깨를 나란히 하고 있어
좌, 우, 위, 아래로
세상에 파묻힌 모양새다

하나님도
부처님도
이곳에서는
참 고생 많으시다

친구 철수 I

유난히도
술과 담배를
좋아하던 친구는
육십이 채 안되어
풍(風)을 맞고 말았다

몸한 쪽이 마비되어
왼손을 반쯤 올리고
다리를 절며
말없이 걷는 친구를
눈여겨 바라보는
사람은 없다

친구는 오늘도
얼굴이 벌게지도록
홍제천 도로변을
열심히 걷고 있다

칠월의 따가운
햇살을 맞으며
말 없이 걷는
나의 친구 철수

친구철수 II

몹시도
손을 흔들어 대며
걷는
내 친구 철수는

칠월의
무더운
홍제천 길을

오늘도
불편한
발걸음으로
걷는다

또 걷는다.
걷고 또 걷는다

고속 터미널 역(驛)에서

사람구경 재미있다
올라가고 내려가고
이리가고 저리가고
서울사람 시골사람
젊은사람 늙은사람
잘난사람 못난사람
키큰사람 작은사람
잘난사람 못난사람
한국사람 외국사람
재미있게 생겼구나!

아이업고 가는엄마
애를안고 가는아빠
배가나와 고생하는
임산부도 저기있네
유모차에 강아지를
싣고가는 저사람봐

보따리든 할머니도
힘겨웁게 올라가고
지팡이든 할아버지
어려웁게 내려가고
책가방멘 학생들도
바쁘게들 사는구나

많고많은 지하상가
신발가게 헌옷가게
과자가게 김밥가게
중식식당 일식식당
사는사람 파는사람
많은사람 오가는데
나와같은 구경꾼도
더러더러 눈에띄네

일본말로 대화하는
짙은화장 일본처녀
아찔하다 짧은치마
한류열풍 바람타고
친구들과 계획하여
한국여행 왔나보다

영어하는 미국사람
삼삼오오 다니는데
유난히도 흰얼굴에
털도많고 키도크다

이리보고 저리봐도
대부분의 서울사람
바쁘게들 사는구나
왜그렇게 바쁜걸까?

너나없이 핸드폰을
손에들고 제갈길을
바삐가는 사람들을
슬쩍쓸쩍 곁눈질로
이리보고 저리보니
시간가도 모르겠네

재미있네 재미있어
사람구경 재미있네
이와같이 재미있는
세상사가 또있을까?

국민약국 약사

국민약국 약사(藥師)는
할머니 같은 아주머니다
얼굴에 욕심이 그득하다

다른 곳에서
육백 원하는
소화제가
여기서는 천 원이다

다음에는 오지 않겠다고
마음먹었는데
오늘 다시 오고 말았다

몸살 기운이 있어
쌍화탕을 샀는데

약사 아주머니는
쌍화탕이 남자 거시기에
좋은 것이라며

음흉한 웃음을 지으며
손님으로 들어온 나를
위아래 훑어본다

시장 할머니

포방터 시장
남문다리를 건너면
우측에 아주 조그만
우리 문구가 있고
그 앞에
좌판을 편 할머니는

겨울 벙거지를
쓰고 앉아
감자, 양파,
더덕, 고구마 등
여러가지를 팔고 있다

언제나 제 자리를
지키는 그녀는
앉아 있기는 하지만
항상 바쁘다

파도 다듬고
더덕도, 밤도 까고
쑥도 골라야 하기 때문

오늘 그 앞을 지나며
그녀의 모자가
여름 것으로
바뀐 것을 보고
계절이 바뀐 것을
알게 되었다

간월도(看月島) 에서

송포역 I

반정리에 사는
칠득이는
히죽히죽
잘도 웃는다

어눌하지만
말을 할 때는
더욱 잘 웃는다

칠득이가
걸음 걸을 때
손을 몹시 흔들어
마치 춤추는 것 같다

급하게 걸을 때는
더욱 그렇다.

오늘 송포역에
역무원 송씨에게
놀러 왔다가

너무너무 심심해서
잠자는 누렁이를
걷어 차고는

먼 길 돌아
이내 집으로 갔다

송포역 II

전봇대 오고
전봇대 가고

미류나무 오고
미류나무 가고

산 오고
산 가고

저 멀리
금호강 오고
금호강 가고

송포역 오고
송포역 가고

서울행 열차는
뒤도 안 돌아보고
빠르게 달리고 있다

간월도(看月島)

물 빠지면 육지 되는 섬
손바닥만 한 섬 간월도의
간월암(看月庵)은
간월도를 다 차지하고도

오랜 세월
독한 해풍에 병(病)들어
푸른 비닐을 머리에
덮어쓰고 있다

간월암에 사는 용녀(龍女)는
바다를 뒤로하고
오른발로 용을 밟고
벼랑 끝에 서서
코딱지만 한 집에
갇혀서 산다

초라한 암자(庵子)를
마주하고 서서
보살들이 가져오는
몇 푼 시주(施主)에
촛불을 밝히고
인자한 미소를 보낸다

붉게 노을 진 서쪽 하늘로
해는 저물어 가는데
쌀쌀한 겨울 해풍(海風)이
집으로 돌아 가라고
재촉하고 있다

* 용녀는 간월암에 모셔진 부처님인데 지인(知人)이 붙여준 이름이다.

수덕사(修德寺)에서

대웅전으로 들어가는
쪽문 옆 책상에
보살(菩薩) 한 분이
앉아서 졸고 있다
불전함 위에
앉아 계신 부처님은
두 눈을 크게
부릅뜨고 계시는데

까까머리 고운얼굴
비구니(比丘尼) 한 분이
대웅전 마당을 가로질러
종종 걸음으로
선방(禪房)을 향한다
추녀 끝 풍경 소리는
한가로운데

마당에서 바라 본
탁 트인 산천은
시원한데
저기 여스님은 무슨 일로
그리 바쁘신가?

대웅전에 앉아 계신
부처님 한 분만이
빠끔히 열린 문으로
아름다운 산하(山河)를
자비(慈悲)의 눈으로 바라 보신다

방송(放送)을 보며

아침 초대석

딸기 농사짓고 사는
양촌 촌사람이
모처럼 양복 입고
엠비씨 아침 방송에 나왔다

족히 사십은 넘어 보이는데
그의 어린 필리핀 아내는
돌도 안돼 보이는
검은 피부 갓난아이를
품에 안고 있다

혼자 살 수 없어
장가를 들었다는 양촌 촌사람은
나이 어린 이국(異國)아내를 바라보며
사랑스러워 죽는다

젊은 아내는
방송국에서 프로 중에 연결한
친정 어머니와의 전화 통화에
가족의 안부를 물으며
연신 눈물을 닦아내고 있다

엄마, 아버지 잘 계시지유?

나는 잘 있어유.......

필리핀 며느리

전라도 벌곡에서 딸기 농사꾼
경성이는 아내가 필리핀 여성이다
어린 나이에 한국으로 시집와서
키가 이 센치는 더 자랐다

그녀가 시집오던 날
경성이 엄마는
어린 며느리를 보고
한참을 울었다고 하였다

마닐라에서 버스 타고 여섯 시간
배를 세 시간 더 타야 하고
다시 오토바이로
두 시간을 더 가야 한단다

우람한 체격 신랑에 비하면
어린아이 같은 가냘픈 몸이지만
며느리는 벌써 두꺼비 같은
아기 하나를 낳고
또 하나는 뱃속에 가졌다

엄마 편인가 아내 편인가 묻는
에스비에스 방송국 엠씨의
짓궂은 질문에
경성이는 망설임 없이
아내 편이라며
한없이 사랑스러운 눈으로
아내를 바라본다

사랑을 해도 사랑을 받아도
아내에게는 채워지지
않는 목마름이 있다
엄마, 아빠 건강하시지요?
저는 한국에서 잘 지내고 있어요.
시어머니랑 시아버지
사랑 많이많이 받고요
딸기도 따고요
아이도 키우고요
잘 지내요

어눌한 한국말로
방송국에서 전해 준다는
비디오 인사를 녹화하며
어린 아내는 하염없이 울고 있다

월남 요리

동네 젊은 며느리들이 다 모였다
한쪽은 필리핀 아내들
다른 한쪽에는 월남 아내들이 모여
자기 나라 음식 만들기
시합하고 있다
우유에 닭고기를 넣고 끓이면
어떤 맛일까?

엄마 보고 싶어요?
아버지에게 하고 싶은 말은 무엇이지요?
에스비에스 방송국
사회자가 던지는 질문에
국제결혼 한 젊은 아내들은 집었던 숟가락을 내려놓고
눈시울이 뜨거워진다.

울 엄마 보고 싶어요.
울 아빠도 보고 싶어요.
흑 흑 흑.........

월남 아내가 울자
필리핀 아내들도 따라 울기 시작한다.
구경하던 벌곡리 남편들도
에스비에스 방송국 엠씨(MC)도
눈시울이 뜨거워졌다

아시아는 하나

우리나라가
언제부터인가
미국이 되었다
월남 사람도
필리핀 사람도
몽골 사람도
시집을 와서
우리나라 사람이 되었다
시부모 모시고 농사짓는
농촌 총각의
착한 아내가 되었다.

적당하게 검은 얼굴
아이를 낳고
음식은 모두 한식
잡채 만들고
김치도 담그고
서툰 한국말로
시장도 보면서
고국의 친정을 그리워하며

그렇게
살아간다

내 조국의 누나들이
서양 사람들과
그렇게 그렇게
살았던 것처럼
그 사람들도
그렇게 그렇게
살아간다

코모리

우즈베키스탄에서 시집 온
미녀 코모리는
경상도 시골에 시집와서
시아버지,
시어머니 모시고
사랑하는 남편과 열여섯 달 된
잘생긴 아들과 같이 살고 있다

시아버지를 자기 아버지처럼
시어머니를 자기 어머니처럼
모시고 살지만 한국말이 서툴러서
언제나 하고 싶은 말을
못하고 살아가고 있다

밭을 갈고 있는 시아버지에게
막걸리를 따라 드리고
억지로 손을 잡게 하고는
우즈베키스탄말로 시아버지에게
하고 싶은 말을 하라는
방송국 사회자 말에
코모리 얼굴은 벌써 붉어져 있다

....

아버님,
흑 흑 흑
고마워요
내가 힘들고 어려울 때 위로해 주셔서요
잉 잉 잉
지난번 시장에 갔을 때
내 손에 돈을 집어 주시며
네 마음에 사고 싶은 것
사라고 하신 일
너무 고마워요

메리 제인

전라도 나주에 사는
필리핀 사람 메리 제인은
한국으로 시집 온 지
오 년이 되었다

자기보다 머리 하나는
더 큰 신랑과 같이
시부모 모시고
염소도 키우고
담배 농사짓고 감도 따면서
바쁘게 살아가는데

모든 농사가 제 일인 양
신랑이 집안일을
거들어 줄 때가
제일 좋단다

한국에 살면서
언제가 가장 힘 드냐고 묻는
에스비에스 방송국
사회자 물음에

신랑이 술 먹고
집에 늦게 들어올 때가
제일 힘들다고 하면서

사랑 가득한 눈빛으로
남산만 한 제 신랑을
조그만 주먹으로
마구마구 쥐어박는다

경복궁에서

향원정(鄕園庭) 연못 건너
건청궁(乾淸宮)을
바라보며 나는
그날의 비명 소리를 듣는다
복면을 한
일본 자객들은
겁도 없는가?

감히
조선 국모(國母)의 침실에
살금살금 기어들어가
황후의 목을 베다니
놀란 시녀들은
이리 뛰고 저리 뛰고
밤을 새워 궁을 지키던 초병들
우왕좌왕하고

아무것도 모르는
궐 밖은 어둠에 싸여
고요하구나

명성황후란 아름다운
조선의 국모(國母)를
지키지 못한
조선이여 조선이여
치욕스러운 그 날을
우리 어찌 잊을 것인가?

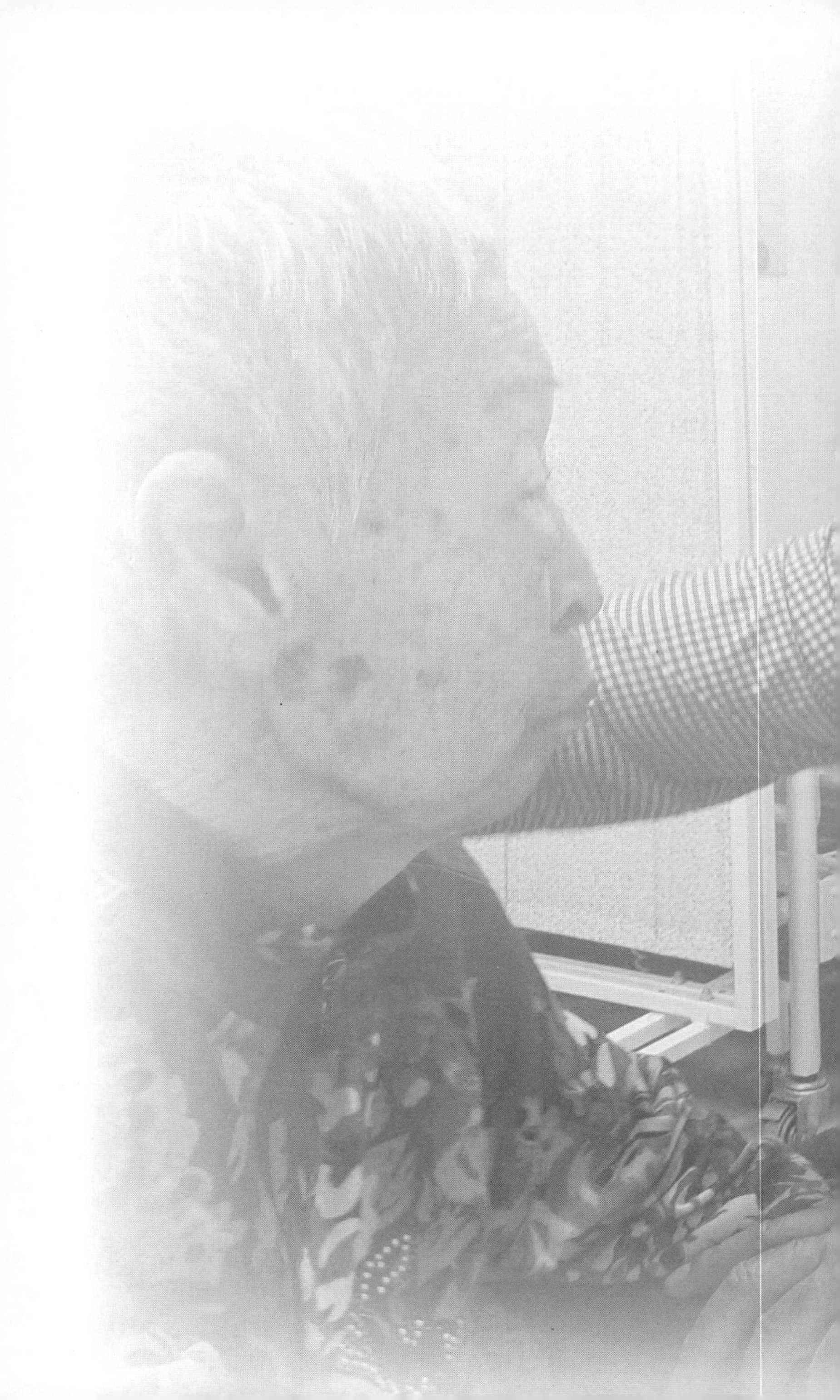

어머니

어머니는 지난 2023년 10월 28일, 하나님의 부르심을 받고 하늘나라로 가셨습니다. 기독교 신앙을 가지고 신실하게 살아오신 어머니는 88세를 일기로 자신의 본향 하나님의 품으로 돌아가신 것입니다. 평생을 시골에서 지내셨던 어머님은 몸이 약해지시고 거동이 점차로 불편해지셔서 생애의 마지막 2년을 장남인 저의 가정에서 모시게 되었습니다. 어머님이 날이 갈수록 쇠약해지시는 어머님을 지켜보면서 안타까운 마음이 가득했지만, 어머님 생애 마지막을 함께 살며 보살펴 드릴 수 있었다는 것은 내게 큰 축복이었습니다.

어머니의 병은 날이 갈수록 심해졌지만, 신앙인의 품위와 자녀들에 대한 사랑을 끝까지 보여주셔서 어머님께 고맙고 감사한 마음이 나의 마음 한 켠에 아련하게 남아 있습니다. 돌아가시기 전에 잘 보살펴 드리려고 애를 썼지만 지금 돌이켜 보면 후회스러운 일이 많고, 마음 한구석이 허전하고 아련한 그리움이 마음에 남아 있습니다.

이 시집에 담긴 글들은 모두 어머님과 함께 지낼 때 느끼며 쓴 글들입니다. 어머님에 대한 나의 추억이 담겨 있습니다. 어머님께서도 하늘나라에서 이 글을 보셨으면 좋겠습니다. 안타까운 마음으로 생전의 어머님을 돌보신 사랑하는 누님들, 어머님께 많은 사랑을 드리려고 애쓴 여동생과 동생의 남편, 어머님의 사위 그리고 어머님의 병 시중을 하느라 수고한 나의 아내에게 진심으로 감사한 마음을 드립니다.

병상에 계셨던 어머니에게 일어난 일들을 시(詩)로 기록한 것입니다. 시에서 보는 웅비는 어머니께서 기르시던 반려견인데, 얼마 전에 제 수명을 다하고 하늘나라로 갔습니다. 어머니는 치매임에도 웅비를 너무나도 사랑하셨습니다. 아마도 어머니에게는 웅비의 죽음이 주는 충격이 크셨던 것 같습니다.

웅비

아직 어둠이 남아 있는
이른 아침에
갑자기 생각이 나셨는지
어머니는
하늘나라에 간 웅비를
찾고 계시다

우리 아기 어디 갔어?
나는 어머니에게 웅비처럼
하얀 복슬강아지
인형을 사다 드렸다
웅비 소파에서 잠자는 데요
어머니는 인형을
바라 보신다
그리고 안심하신 듯
다시 두 눈을 감으신다

웅비 사랑

벌써
하늘로 간
웅비 대신
사다 드린
인형 웅비에게

지난 밤
어머니는
오리털 날리는
소파의 쿠션을
벗겨서
또
덮어 주셨다

웅비 추워
덮을 것 좀 줘

착각

흰색 강아지
인형을
웅비로 착각하시는
어머님이

가끔은 내가 걱정하는
것이 싫어
척 해주시는 것이
아닐까 하는 생각이 든다

아들아
나도 다 알고 있어
그냥 모르는 척
해주는 거야
착각하지 마

몇 살?

어머니
내가 몇 살이야?
....
글쎄,

어머니
왜?
어머니 올해 몇 살이야?
......

어려서 시집와
시집살이
살림살이
일만 하신
어머니

일하느라 힘들어
그동안 잡순 나이
다 잃어 버렸네

누운 새우

늙은 몸을
바싹 구부리고
소파 한 켠에
누워

가끔은
이리로 저리로
힘겹게
몸을 움직이시는
어머니의
주무시는 모습은
누운 새우다

꼬부랑 할머니
어머니

방이 어디야?

어머님은
내가 자는 방이
앉아 계신 소파 뒤에
있다는 것을
여전히 모르신다

매일 저녁
다시 물어보시는
어머니

이제 들어간다고
인사하는 내게

방이 어디야?
여기요

문 꼭 닫고자
추워
이불 꼭 덮어야 해
매일 저녁
반복하시는 말씀이다

화장실

어머님의
하루 일과 중
가장 큰 일은
화장실을 출입하는 일이시다

화장실을 가시는 길이
그렇게도 먼 길인가?

아이 힘들어
라는 말씀과 함께
어머님은 오늘도
몹시 어렵게
천리 길
화장실에 도착하셨다

요강

나의 집에
어머님 오신 이후로
참 어려웠던 일은
아침마다
요강을 비우는 일이다

독한 지린내 나는
어머님 요강

허나
하루에 서너 번
비우는 일도
이젠
많이 수월해졌다

감사

늙으신
어머님
아침에
눈 뜨시면
감사

바지를
입혀 드리며
오른발
들어 주시면 감사

왼발
들어 주시면
또 감사

숟가락 들어
밥 드시면
감사

변소에
가고 싶다고
말씀만 해 주셔도
다시 감사, 감사합니다

잠

때 이른 조반을
드신 어머니는
다시 깊은 잠을
주무신다

다시는
깨어나지 못할
잠을 연습하시는 것일까?

어머니는
밤에도
낮에도

수렁같이 깊은
잠에 빠져드신다

사탕

어머니는
단 것을
참 좋아하신다

사탕
초콜릿
부드러운 케이크

조식(朝食)을
드신 후에
한 움큼의 약을 드시고
사탕을 드리면
하시는 말씀

아, 달어

아직 겨울

무더위가 한창인
요즈음에도
어머니의 계절은
아직 겨울이다

추워, 양말 신어
추워, 바지 입어
추워, 문 닫어

여름 더위가
한창인 요즘도
어머니의 계절은
아직 겨울이다

어머니가 내게 주시는
사랑의 말씀

추워
양말 신어

저 들어 갈게요

어머니?
응
저 들어가 잘게요

그래?
어디가 방이야?
이 방이여

거기 춥지 않을까?
안 추워요
그래?
들어가 자

편히 주무세요
잘 덮고자
춥지 않게

매일 저녁
반복되는
나와 어머니의
대화

목욕할까요?

어머니
목욕할까요?

싫어
귀찮아서 싫어

어머니
목욕 안 하시면
냄새나서 안 돼요

어머니는
새털같이 가벼워진 몸을
천근같이 옮기신다

어머님의
가슴을 닦아 드리며
쭈그렁 바가지라고
놀리는 나의 말에

어머님은
아무런 관심도 없다

빨간 구두

지난밤
내가 잠들어 있던
그 시간에

어머니는
현관 신발장 안에 있던
그 빨간색
자신의 구두를

어렵게
아주 어렵게
거실 소파 앞으로
옮겨 놓으셨다

이곳으로 오실 때
신으셨던 그 신발
이는 분명
어머니 사셨던

그 집으로
가시고 싶은 게다

혼자 계실 때

어쩌다 우리 내외가
집을 모두 비우고
외출해서
혼자 계실 때

어머님은 그럭저럭
혼자서도 활동을
하시는 것 같다

화장실 출입도
식탁에 놓아둔
먹을 것도
스스로 해결 하신다

채워진 요강
식탁 위에 비워진 접시가
그것을 말해준다

그러나 내가 곁에 있으면
대부분 더 힘들어진다
소파에 누웠다가
일어나는 일

화장실은 아예
어디인 줄도 모르신다
오른쪽 어깨는 더 아프시다

아이
힘들어 죽겠다
나 좀 일으켜 줘

잠꼬대

아직 이른 새벽
화장실에 가려고
까치발을 들고
거실로 나오는데

소파에서 주무시던
어머님께서 어둠 속에서
큰 소리로 외쳐대신다

안 돼요
……
잘 다녀와요

무심결에 잠꼬대하시는
어머님에게 대답하였다

알겠어요. 어머니
안녕히 계세요
잘 다녀올게요

대답은 듣지도 않으시고
어머니는 낮은 소리로
다시 코를 고신다

사랑의 표현

어머님의 사랑 표현
세 가지

추워, 옷 입어
이거 먹어
이리 와, 등 긁어 줄게

이렇게
말씀해 주시는
어머님이 있다는 것은

분명
큰
행복이다

사랑

칠월 장마 후
더위가 한창인
요즘도

어머니가
가끔
주시는 사랑의 말씀

추워
양말 신어
추워
바지 입어

잘 다녀와
언제 돌아와?

여동생

어머님을 향한
여동생의 마음은
한결같이 애틋하다

먼 길을 오면서
이것 저것
가득 담아 온
가방에서 꺼내 놓는 동생

어머님 좋아하시는
반찬들
시원한 물김치
멸치볶음
그리고 과일, 과자, 사탕

한참을 즐겁게 해드리고
떨어지지 않는 발걸음으로
돌아서는 누이

동생이 떠난 뒤에
어머님께 여쭈어보았다

어머니, 딸을 봐서 좋았지요?
....

어머니는 한참을 생각하셨다
......

그리고 하시는 말씀
누가 왔었어?
......

문 좀 덮어 줘

어머니의 하루는 참 길다
화장실 가시는 일 빼고는
거의 소파에 누워
지내 신다

이리 눕고
저리 눕고
자다가 깨다가
또 자다가 깨다가

지금이
겨울인지 여름인지
항상 바람이 들어오니
문을 닫아 달라고 하신다

그래서 그런지
오랫동안 하지 않던
말씀하실 때는
좀 어눌하시다

오늘
어머님은 내게
말씀하셨다

문 좀 덮어 줘
추워…

귀가 밝은

동생이 갑자기
세상을 떠났을 때
가족들이
어머니 곁에서
죽은 동생 이야기를 하면
어머니는
아무것도 모르는 듯
무표정하게
앉아 계셨다

난 차라리
다행이라고 생각하였다

요즈음 들어
어머니의 귀가 참 밝다는 것에
새삼 놀라고 있다

등 뒤에서
부스럭거리는
조그만 소리에도
어머니는 말씀하신다

무슨 소리가 나
누가 왔나 봐?

나 집으로 데려다줘

이글은 거동(擧動)이 불편하신 어머니께서 혼자 지내시기 어려워 아들 내외와 갑자기한 집 살림 시작하신 서울 생활이 얼마나 답답하실까를 생각하면서 어머니의 입장이 되어 기록한 글입니다.

평생살던 시골집과
문전옥답 평생동안
출석하던 상신교회
뒤로하고 하나같이
생소하고 낯이설은
서울살이 아들네집
며느리와 같이산다

낯이설어 낯이설어
답답하고 답답하다
어디가문 어디가방
문을몰라 헤메이고
방을찾아 헤메인다

아들며늘 정성다해
봉양한다 말하지만
혼잣살림 시골살이
그립고도 그립구나

나몰라라 하지말고
제발나좀 데려다줘
나살던집 나의고향
이제라도 맘편하게
살고싶어 살고싶어

문전옥답 나가보고
돼지토끼 살펴보고
콩밭매고 참외따고
마당쓸고 눈치우고
어렵지만 살만했어

닭도치고 소돌보고
여보당신 불러가며
밀어주고 땡겨주고
새참내고 그늘막에
오손도손 밥도먹고
잡담하고 낮잠자고
그시절이 그립구나

그시절로 나좀한번
데려다줘 내아들아

천국이 가까 왔으니

새우처럼 굽은
조그만 몸뚱이를
주체하기가 어려워
이리 뒤척
저리 뒤척

다시 수렁같이
깊은 잠에 빠진
어머니

마지막 같은
어머니의 시간들이
바로 코앞으로
다가왔다

깊은 잠에 빠진 어머니는
지금 가장
평안한 얼굴로
천국 문앞
가까이에 계시다

놀란 가슴

아직 이른 새벽에 거실로 나오니
어머님이 바닥에 널브러져 계시다.
필경은 새벽에 소변을 보시려다
힘이 부족해 주저앉으신 것이다
깜짝 놀라 어머니를 부축하여
화장실로 모시고 가서
깨끗이 목욕시켜 드리고
마른 옷으로 갈아입혀 드리니
비로소 평안한 얼굴로 자리에 누우신다
이른 새벽부터 놀란 가슴 쓸어내리고
시작하는 하루

집에 가자

한숨 주무시더니
어머니 정신이
깨신 것 같다

날 좀 집에 데려다
달라고 하신다
여기가 어머님 집이라 하니
어머니는
의아한 눈초리로
나를 바라보신다

그리고 여기가
우리 집이냐고
되물으신다

이번이 서울 오신 이후
두 번째

창밖에 칠흑 같은
어둠이 덮이고
장대같이 굵은 장맛비가
줄기차게 내리고 있다

어머님의 잠

이른 조반을
드신 후
어머니는 다시
잠을 주무신다

다시는 돌아오지
못할 강을
건너시는 것처럼

다시는 깨지 못할
깊은 잠을
주무시는 것이다

지난밤에 어머니는
잠을 못 주무신 것일까?

깊은 잠을 자고도
또 주무시는 것일까?

아마도
새 나라를
준비하시는 것 같다

저녁 식사

오늘 저녁에는
배가 고프셨는지
생각보다
많이 드신다

치킨 두 조각
김밥 세 덩이
찐 호박 반쪽
빵 반 조각
그리고 땅콩 조금
초콜릿 한쪽
사탕 한 개
너무 많이 드시는 것 같아
덜컥 겁이 난다

어머님께
여쭈어보았다
어머님 저녁에
뭘 드셨어요?
……
몰라

언제 들어와?

어머니
운동하고 올께요
그래?

언제 들어와?
한 시간 후요
알았어

어머니
왜?
약속이 있어서
다녀와야 해요.
그래?

언제 들어와?
두 시간 후요.
그래?

언제고
나간다고 하면
다시 물어보시는 말씀

언제 들어와?

밭 매러 가요

외출에서
돌아온 내가
누워계신 어머니께 물었다

어머니
응
뭐 하고 지냈어요?

ㅎㅎㅎ
누워 있었지

고추밭 매러 안 가요?
여기 누워 계시면
어떻게 해요?

쇠죽도 쑤고
소 풀도 뜯기고
재도 쳐야 하잖아요?

더워서 못 해
있다가 선선해지면 가요

어머니는
나의 실없는 소리를
아시는지
그냥 헛웃음만
웃고 계신다

대화

어머니
응

저 들어가 잘게요
그래.

어디서 자?
제 방에서 자요

그래?
그 방이 어디야?
요기요

그래?
꼭 덮고 자

매일 저녁
반복되는
어머님과의 대화

김치 제물국수

어머님과
나의 입맛은
닮았다

어머니?
응.
맛이 괜찮아요?
……

조반으로 해드린
김치 제물국수를
대접에 담아 드렸더니
한 그릇을
거의 다 비우신다

치킨너깃
네 개도 함께.

칠월에

칠월의 중순

한낮은
덥고 덥고
또 덥고

땀이 흐르고
땀이 흐르고

매미도 울고
매미는 울고

어머니는
곤하게
주무신다

또
주무신다

오빠

얼마 전부터
어머니는 나를
오빠라고 부르신다

전에는 집사님으로
부르시더니
이제는
오빠라고 하신다

외출했다가
집에 돌아온 내게

오빠
어서 오세요
이리 앉아요
나 좀 누울게요
……

집사님

미국에 사시는 누님은
가끔은 영상통화를 통해
어머니의 건강을
확인하려 한다

엄마
내가 누구야?

한참을 생각하시던
어머니는
이렇게 말씀하셨다

집. 사. 님.

나도 오늘
어머님께
물어 보았다

어머님
내가 누구야?
....

집. 사. 님.

동생들

어머니
응
박옥자 온대
.....

박옥자 알어?
알지
누구야?
내 동생

박흥원도 온대
.....

박흥원 알아?
알지
누구야?
내 동생
걔들이 왜 온대?

어머니 보고 싶다고
....

어머니는 작별의 시간이
점점 다가오는 것을
아시는 것 같다

사탕

어머니는
단 것을
참 좋아하신다

사탕
초콜릿
막대 아이스크림
그리고
부드러운 케이크

매일 아침
조반을 드신 후
아, 쓰다

약을 드시고도
아, 쓰다

냉수를
드시고도
아, 쓰다

어머님은
사탕을 또 먹고
싶은 것이다

금니

무표정한 얼굴로
어머님은
부러진
금니 하나를
손에 쥐고 계시다

오늘 아침 부러진
또 다른
어머님의
금 어금니

창문

창문이 열린 것을
유난히도 싫어하시는
어머니는

아침 청소를 위해
열어놓은 거실 창문을
찬바람 들어오니
닫으라고 성화시다

어머니는 지금이
한여름이란 것을
모르시는 것 같다

화장실

어머니의
하루 일과 중
가장 큰 일은
화장실을
출입하시는 일이다

화장실을 가시는 일이
그렇게도 먼 길인가?

아이 힘들어

어머님은 오늘도
몹시 어렵게
화장실에 도착하셨다

그리고 하루 중
가장
중요한 일을
치르셨다

목욕 후에

신으라고
양말을 드렸더니
장갑처럼
손에 끼셨다

안약을
넣어 드린다고
눈을
크게 뜨시라 하니

어머니는
두 눈은 꼭 감고
아.... 하고
입을
크게 벌리신다

깊은 잠

갓난아이가
먹고 자고
먹고 자고
크는 것처럼

어머니는
조반을 드신 후에
다시는 깨지 못할 것 같은
깊은 잠을
다시 주무신다

어머니는
하늘나라의
갓난아이

어머님의 잠

자고
자고
또
자고

어머님은 오늘도
또
깊은 잠을
주무신다.

천국 갈 준비
잠으로 하신다

잠

이른 조반을
드신 후에
어머님은
깊은 잠을
주무신다

다시는
깨지 못할
영원한 잠을
연습하시는 것일까?

밤에도
낮에도
수렁처럼 깊은 잠에
다시 빠져드신다

어머니

이른 새벽에
아직도 어두운
거실로 나오니

어머님은 벌써
잠이 깨어
앉아 계시다

지난밤 꿈에
돌아가신 할머니가
다녀가셨다고 하신다

어머니는 꿈에
할머니가 자신을
부르셨다고 하신다

듣는 나의 가슴은
다시 한번
철렁 내려앉았다

헤어지는 연습

어머님은
매일 매일
헤어지는
연습하고 있다

노인이 된 나를
아가라 부르시며
다함이 없는
사랑의 눈으로
바라 보신다

나의 투박한 손을
하염없이
어루만지시며
참 예쁘다고 하신다

다시는 못 볼 것 같은
표정으로

어머니는
매일 매일
헤어지는 연습을
하시며 산다

발걸음

가끔은
두 눈이
무겁다고 하신다

어머니의
한 걸음도
천근만근이다

소파에서
식탁까지 가시는
길이 십 리 길이다

어머니는 오늘도
십리 길을
세 번이나
다녀오셨다

사랑

요즘 들어
말수가 부쩍
적어진

어머님이 주시는
들려주시는
사랑의 말씀

추워
바지 입어

뽀뽀와 어머니

어머님은
뽀뽀하는 것을
참 좋아 하신다

영상 전화로
엄마, 내가 누구야?
묻는 누님에게

어머님은
대답 대신
연신
뽀뽀를 해 대신다

[시평]

어머니의 긴 치마폭에서 묻어나는 카타르시스 향기

- 김낙환의 시집 〈서울살이 그리고 어머니〉의 시 세계 -

김진규 (공주대학교 명예교수)

1

'꽃은 화장하지 않아도 예쁘다'라고 어느 시인은 노래하였다. 김낙환 님의 시를 대하면 참 맑고 깨끗한 인상을 금방 느끼게 된다. 그의 시는 크게 화장을 하지 않은 듯하지만, 읽는 이들의 마음에 잔잔한 감동으로 일렁이게 한다. 너무도 각박해져 버린 서울살이도, 심한 치매와 노환으로 힘든 고통 속에 계신 어머니의 마지막 모습들을 저렇게도 아늑한 사랑으로 표현할 수 있을까? 그런 점에서 〈서울살이 그리고 어머니〉는 서로 다른 소재의 시들이 묘한 일체감을 주면서 우리 영혼을 카타르시스(Catharsis)시키는 매력이 있다.

김낙환 시인은 인천에서 태어났지만, 초등학교 시절 아버지를 따라 경기도 화성의 작은 시골 마을에서 자라게 된다. 어린 눈에 비친 농촌의 순박하고 정겨운 풍경들의 그의 시적 정서를 자극시켰으리라. 더구나 시인이 태어난 1950-60년대는 남아선호사상이 극심했던 때였는데, 위로 누님이 다섯 분 뒤에 태어난 아들이니, 독자였던 아버지와 어머님의 큰 기쁨은 물론이고 아마도 가정의 큰 경사였을 것이다.

그가 인천이라는 도회에 순치된 시각으로 갑자기 이사하여 바라보았던 화성의 시골 풍경, 그리고 자고새면 만났던 친구들과의 순박한 사귐 - 그것은 그를 시인으로 키우는 텃밭이 되었으리라고 생각한다.

흔히들 시인은 세상에서 하나님의 축복을 가장 많이 받은 사람 중에 속한다고 한다. 세상만사를 진찰하고 치유하여 자성하게도 하며, 때로는 쓰레기 더미에서 장미꽃을 피우듯이, 우리의 삶을 사랑하고 풍요롭게 하는 매력이 있기 때문이다.

2

늙으신
어머님
아침에
눈 뜨시면
감사

바지를
입혀드리며
오른발 들어 주시면
감사
왼발 들어 주시면
또 감사

변소에
가고 싶다고
말씀해 주시면
다시 감사

감사합니다

〈감사〉 전문

병환 중의 쇠약해진 어머니를 정성스레 모시는 아들의 한 폭의 그림처럼 나타난다. 참 따뜻하고 포근하다. 요즈음 보기 힘든 풍경이다. 생활의 형편은 전보다 훨씬 나아졌는데도 우리네 삶은 왜 그리 각박한지 모르겠다. 우리는 모두 고달픔을 품고 사는 것이 일상이 되어버렸다. 아무도 그 해소의 방안을 몰라 허덕일 때, 김낙환은 시의 구절로 조용히 그 답을 풀어 놓는다.

바지를 / 입혀드리며 / 오른발 들어 주시면 / 감사 /
왼발 들어 주시면 / 또 감사

'내리사랑'이라는 단어는 있어도 '올림사랑'이란 말은 들어보지 못했다. 그만큼 윗사람을 섬기기는 어려운 일일 것이다. 왜 두 발을 바지에 끼워 넣어야 하는지도 모르시는 어머니에게 오른발 왼발을 들어주실 때마다 감사해하는 아들의 모습이 선연히 묘사되었다. 그 모습은 억지로 먹은 마음이 아니라 자연스레 나타난 일상이어서 더 귀하고 평온하다. 그것은 〈철수〉에서도 잘 나타난다.

몹시도 / 손을 흔들며 / 걷는 / 내 친구 철수는 /
칠월의 / 무더운 / 홍제천 길을 /
어눌한 / 발걸음으로 / 걷는다 / 또 걷는다

〈철수〉 전문

이 시를 대하면 마치 청록파 시인인 박목월의 시 〈나그네〉를 연상케 한다. "강나루 건너서 밀밭 길을 구름에 달 가듯이 가는 나그네"처럼 정처 없이 남도 삼백 리를 걷는 모습이라고나 할까? 아마도 철수는 목적지를 향해서 걷는 걸음은 아닐 것이다. 그렇게 엄숙히 또 열심히 걷지만, 반겨줄 사람도 맞아줄 사람도 없을 것이다. 그냥 걷는 것이다. 걷는 일 자체가 그에게는 최대의 선(善)인지도 모르겠다.

그래서 시는 아름답다. 시는 값으로 따질 수 없는 평온함이 있다. 시의 힘을 측량할 수 있는 저울은 없다고 한다.

3

시는 사랑의 언어이다. 시의 언어들은 사랑이라는 대지 위에서 피어오르는 꽃이다. 시는 사랑에 관하여 기록한 언어가 아니라 사랑 그 자체이다. 그래서 시는 우리 영혼을 맑게 하고 카타르시스의 역할을 한다. 우리는 〈필리핀 아내〉에서 그런 사랑을 엿볼 수 있다.

전라도 벌곡에서 딸기 농사 짓는
경성이는 아내가 필리핀 사람이다
어린 나이에 한국으로 시집와서
키가 이 센치는 더 자랐다
그녀가 시집 오던 날
경성이 엄마는
어린 며느리를 보고
한참을 울었다고 하였다.
마닐라에서 버스로 여섯 시간

배를 세 시간 더 타야 하고
다시 오토바이로 두 시간을 더 가야 한다

사랑을 해도 사랑을 받아도
아내에게는 채워지지 않는 목마름이 있다
엄마, 아빠 건강하시지요?
저는 한국에서 잘 지내고 있어요
시어머니랑 시아버지 사랑 많이많이 받고요
딸기도 따고요 아이도 키우고요 잘 지내요
어눌한 한국말로 방송국에서 전해 준다는
비디오 인사를 녹화하며
어린 아내는 하염없이 울고 있다

〈필리핀 아내〉 중에서

이 시의 주제는 사랑일 것이다. 한국으로 시집온 필리핀의 어린 아내가 한국의 어떤 가정으로 시집와서 어떻게 지내고 있다는 정보를 제공하는 그런 시가 아니다. 오히려 시의 내용에는 없지만, 고국 고향의 엄마 아빠를 그리워하고 사랑하는 공명과 공감으로 가득 차 있다. 우리는 이 시와 함께 울고 함께 웃어주면 된다. 이러한 시적 정서는 〈아시아는 하나〉에서도 잘 나타난다.

김치도 담그고 / 서툰 한국말로 / 시장도 보면서 / 고국을 그리워하며 /그렇게 /살아간다 / 조국의 누나들이 / 서양 사람들과 / 그렇게 그렇게 / 살았던 것처럼 / 그 사람들도 / 그렇게 그렇게 / 살아간다

〈아시아는 하나〉 중에서

어느 평론가는 "시는 언어와 문자를 넘어선 사랑의 언어다"라고 말했다. 그것은 공감을 넘어선 적극적인 하나 됨의 사랑이다. 필리핀의 아내를 넘어서 아시아의 여인들이 그 어두웠던 시절에 겪었던 아픈 사연들을 공유하고 있다. 주어는 달라도, 목적어는 달라도, 서술어는 모두 같았던 시절이 있었다. 김낙환 시인은 그 절절한 사연들이 이제는 사랑이 되기를 기도하는 휴머니스트임이 분명하다.

4

김낙환 시인이 보여주는 기본 입장은 일상에 바탕을 둔 평범함이다. 언제 어디서 만나본 듯한 사람들의 이야기로 가득하다. 그러나 그가 생각해 낸 시어(詩語)들에는 겉멋으로 치장하기보다는 삶의 단어들이 진솔하게 표현되어 깊은 영적 의미를 자아낸다는 방점이 있다.

어머니
내가 몇 살이야?
....
글쎄,

어머니?
왜?
어머니 올해 몇 살이야?
......

어려서 시집와

시집살이
살림살이
일만 하신
우리 어머니

일하느라 힘들어
그동안 잡순 나이
다 잃어버렸다

〈몇 살?〉 전문

이 시를 대하면 공자가 말한 '사무사(思毋邪)' 라는 단어가 생각난다. 시경(詩經)에 나오는 말로 '생각함에 삿(邪)됨이 없다', 즉 '생각함에 그릇됨이 없고 올바르다' 라는 의미로 본다. '삿(邪)됨' 은 올바르지 않음, 곧 부정직(不正直), 부정(不正)의 뜻이 있기 때문이다. 이 시에 등장하는 구순(九旬)을 눈앞으로 바라보시는 편찮으신 어머니의 험난한 인생살이는 우리 모두의 어머니로 공감하면서 일말의 사사로운 감정이나 인간의 어떤 지식도 통하지 않는 순수한 '생각함에 그릇됨이 없는' 장을 이룬다.

얼마 전부터 / 어머니는 나를 / 오빠라고 부르신다 / 외출을 하고 / 집에 돌아온 내게 / 전에는 집사님으로 / 부르시더니 / 이제는 오빠라고 하신다 / 오빠 / 어서 오세요 / 이리 앉아요 / 나 좀 누울게요 / ……

〈오빠〉 전문

사무사의 '올바르다' 의 뜻은 양심적이라든가 도덕적인 것을 넘어서, '있는 그대로의 모습' 그 자체를 노래하는 것임을 금방 알 수 있다. 누구나 삶의 마지막 순간에는 있음 직한 실수를 대하는 아들은 어머니를 위한 변명이나 어떤 도덕적 표현도 철저히 자제하고 있는 김낙환 시인의 탁월함이 엿보인다.

5

〈서울살이 그리고 어머니〉의 시어(詩語)들은 그 중심이 어머니이다. 외국의 어느 시인은 "시는 어머니한테 배운 언어로 써야 한다."라고 하였다. 어머니의 말에는 잔재주가 없다. 어려운 말로 자녀들을 당황하게 하지도 않는다. 일상 어투 그대로이지만 그 깊은 속에는 따뜻한 사랑이 짙게 숨어 있다. 그래서 우리말을 모국어라고 한다.

김낙환 시인은 어머니에게 배운 때 묻지 않은 말로 어머니에 대한 사랑을 노래한다. 병으로 고통당하시며 생의 마지막을 사랑하는 아들 내외와 함께 마무리하시는 어머니의 마음은 아마도 너무도 평안하고 만족해서 하나님께 깊은 감사의 기도를 드렸으리라. 그리고 아들 내외에게 말로 표현은 못했지만, 이렇게 마음으로 말씀하셨으리라.

"아들아, 며늘아, 정말 고맙다, 그리고 사랑한다.
천국에서 기다리마, 꼭 다시 만나자."

이와 같은 어머니의 마음이 〈헤어지는 연습〉에서 그러한 정서가 잘 나타난다.

어머님은
매일 매일
헤어지는

연습을 하고 있다
노인이 된 나를
아가라 부르시며
다함이 없는
사랑의 눈으로
바라보신다

나의 투박한 손을
하염없이
어루만지시며
참 예쁘다고 하신다

다시는 못 볼 것 같은
표정으로
어머니는
매일 매일
헤어지는 연습을
하시며 산다

〈헤어지는 연습〉 전문

"어머님은 매일 매일 헤어지는 연습을 하고 있다." 겉으로 드러난 낱말들의 의미는 멀지 않은 날에 헤어짐을 안타깝고 서운한 감정을 표현하고 있다. 그러나 더 깊은 의미는 지금 헤어짐이 전부가 아니라는 의미를 지닌다.

'노인이 된 나를 / 아가라 부르시며 / 다함이 없는/ 사랑의 눈으로 / 바라보신다'

이 땅에서는 '노인'이지만, 천국에서는 '아가'라는 의미가 아닐까? 천국에 대한 확신이 시의 전후를 강하게 이어주는 느낌이 있다.

얼었던 홍제천 맑은 물이 / 소리 지르며 흐르고
부지런한 오리들은 / 짝을 찾는 몸짓을 하고
옥천암 보도교(普渡橋) 위에 / 초파일을 기다리는 / 오색등이 달리고
옥천암 스님의 구성진 / 독경 소리, 목탁 소리 들릴 때
북한산 자락길 / 진달래도, 개나리도 / 기지개를 펴기 시작한다 /
아, 봄이로구나

〈봄이 올 때에〉

전문

서울살이의 이 시에는 서울의 새봄 풍경이 수채화처럼 묘사되어 나타난다. 옥천암 보도교의 오색등이나 북한산 자락의 진달래와 개나리 / 홍제천의 물소리, 스님들의 구성진 독경 소리 목탁 소리 등이 시각과 청각이 잘 어우러져 서울의 봄 풍경을 노래하였다. 그런데 이 시를 좀 더 깊이 있게 본다면, 끝없이 반복되는 계절의 순환을 윤회의 진리를 스님의 독경 소리로 처리한 시인의 재치가 돋보이는 부분이다. 그것은 "세상은 모두 덧없는 것이니 만나면 반드시 이별이 있고, 떠난 자는 반드시 돌아온다 (世皆無常, 會必有離 去者必反)" 라고 한 불교 〈열반경(涅盤經)〉의 가르침에도 닿아 있다. 이런 면에서 이 작품도 〈헤어지는 연습〉의 범주에 들어간다고

본다. 이 세상을 떠나 저 천국을 소망하는 믿음의 자세가 잘 나타난다.

6

흔히 20대에는 시를 쓰고, 3-40대에는 소설이나 희곡을 쓰고, 50대에는 수필을 쓴다는 말이 있다. 아마도 누군가가 시인의 뜨거운 감정을 강조하려고 지어낸 말일 것이다. 지은이는 지천명(知天命)을 지나며 이순(耳順)을 넘는 연세에 이처럼 따뜻하고 평안을 주는 시들을 쓰시는 일이 놀라울 뿐이다.

김낙환 시인의 어릴 적의 시적 토양은 전술한 바가 있거니와, 감리교 신학대학 목회학 박사원, 도미하여 미국 Azusa Pacific University에서 박사학위 (D.Min) 공부 후, 목원대학교회 담임 등 일반목회 10여 년, 배재대, 목원대 대학 강의, 특히 기독교대한감리회 교육국 총무 역임 등, 기독교계의 큰 지도자로 지금도 쉬임없이 일하고 계신 분이다.

이분의 시의 깊이와 높이는 이분의 삶과 무관치 않다. 이분의 시는 관념어와 추상어를 되도록 쓰지 않는 좋은 특징을 가지고 있다. 모국어로 절제와 압축으로 삶의 카타르시스를 제시하여 독자들을 편안케 한다.

〈서울살이 그리고 어머니〉는 이런 면에서도 빛나는 작품이다. 아직도 젊게 일하시는 김낙환 시인의 다음 작품을 기대한다.

서울살이 그리고 어머니

저 자	김낙환 목사
발행일	2024년 6월 1일
발행인	최득원
편 집	손애경
발행처	도서출판 영상복음
	서울시 종로구 사직로6길 16
등 록	제851-32-00356호
전 화	02-730-7673 / 010-3949-0209
팩 스	02-730-7675
사무실	서울시 중구 을지로18길 12 (을지로 3가)
이메일	korpicbible@gmail.com
누리집	**www.thankyouhangul.com**

ISBN 978-89-94945-82-8

종이책 10,000원

전자책 5,000원